Karl Kracht

Stroh-Intarsien
Bilder

aus ungefärbtem Naturstroh

D1720316

Frech-Verlag Stuttgart

Stroh

ist ein leicht zu bearbeitendes Material, das dazu anregt, etwas daraus zu machen. Es ist bekannt, wie Strohsterne als Weihnachtsbaumschmuck hergestellt werden. Auch wie diese Sterne dann als Mobiles zu verwenden sind; wie man Kränze, Herzen, Sterne und Zöpfe in Stroh flechten oder binden kann. Und wie man Kästchen zur Aufbewahrung von Schmuck und anderen Kleinigkeiten daraus anfertigt. Auch Tierfiguren und ähnliche Dinge können aus Stroh gestaltet werden. Die verschiedenen Techniken zum Verarbeiten sind in den Hobby-Büchern „Basteln mit Stroh" von Rita Frischmann und „Stroh und Binsen" von Erland Borglund (Frech-Verlag), bereits ausführlich beschrieben.

Damit sind aber die vielseitigen Möglichkeiten noch nicht erschöpft. Man kann mit Stroh auch wunderschöne

Stroh-Intarsien-Bilder

erarbeiten, die als Zimmerschmuck etwas Besonderes sind. Die Kosten für dieses Hobby halten sich in Grenzen, weil das Material leicht und billig zu beschaffen ist. Es ist ratsam, die Arbeitsanleitungen zu beachten. Durch intensive Beschäftigung mit diesem Hobby wird man selbst zu ähnlichen Ergebnissen kommen, wie sie hier gezeigt werden.

Der Verfasser begann erst als 67Jähriger, sich mit Stroh-Intarsien zu beschäftigen, ohne jemals eine handwerkliche oder künstlerische Ausbildung genossen zu haben. Er hat es innerhalb von 5 Jahren zu einer beachtlichen Perfektion gebracht, wie

es die Fotos zeigen. Daher kann behauptet werden, daß das Hobby **Stroh-Intarsien-Bilder** von jung und alt betrieben werden kann.

Als Material eignen sich alle Halme aus Gersten-, Roggen-, Weizen- oder Haferstroh. Es gibt sie in Hobby-Geschäften als Bastelhalme, gebleicht oder ungebleicht. Man kann aber auch die Halme verwenden, die bei der Ernte direkt auf den Feldern anfallen. Kein Bauer wird etwas dagegen haben, wenn man sie auf einem Acker abschneidet. Denn durch die Erntemaschinen wird das Stroh vollständig zerdrückt und dadurch für unsere Zwecke unbrauchbar. Außerdem aber schneiden die Mähdrescher die Halme kurz über dem Ackerboden ab, so daß nicht viel stehen bleibt. Aber in kleinen Vertiefungen und an den Rändern findet man nach der Ernte kurze Strohhalme, die sich vortrefflich für **Stroh-Intarsien-Bilder** eignen. Man schneidet diese unteren starken Strohenden ab, trocknet stark nach und hat dann, darauf kommt es besonders an, oftmals Strohhalme mit größeren Farbunterschieden als bei den gekauften. Die Farbnuancen eines Strohbildes werden dadurch vergrößert. Sogar Halme von Wiesen, Feldern und Weiden können verwendet werden.

a In Geschäften gekaufte Strohhalme

b c d Auf Äckern selbst geschnittenes Stroh

e Wiesenhalme, selbst gesucht

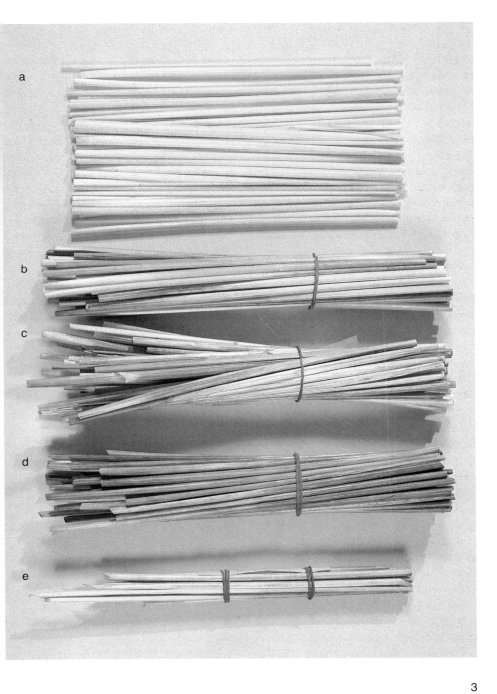

Die Färbung der Strohhalme erreicht man einzig und allein durch **Bügeln.** Irgendwelche Farben sollte man grundsätzlich ablehnen. Durch mehr oder weniger heißes Bügeln erzielt man einen natürlichen Schwarz-, Weiß-, Hell- und Braun-Effekt, der in den Bildern besonders gut zur Geltung kommt.

Vor dem Bügeln werden die Strohhalme erst einmal aufgeschnitten und ein bis drei Stunden in ein Wasserbad gelegt. Dann öffnen sich die Halme etwas, so daß es mit der Spitze des Bügeleisens leichter ist, den Bügelvorgang einzuleiten. Man kann aber auch nach dem Aufschneiden die Strohhalme uneingeweicht platt drücken, wenn man mit einem harten Gegenstand öfter über den Halm fährt. Das ist aber eine mühselige Arbeit. Der Verfasser hat sich anders beholfen. Er fand in „Muttis Hauswirtschaft" die nicht mehr benötigte kleine Mandelmühle, die er für diesen Zweck herrichtete. Der Mahlzylinder der Mühle wurde mit einem Pappstreifen belegt, damit die Mahlzähne nicht greifen konnten. Dann wurde zwischen Mahlzylinder und Mahlwand ein weiterer Pappstreifen geklebt. Nun wurde das eine Ende das aufgeschnittenen Strohhalmes zwischen die Pappstreifen gehalten und die Kurbel gedreht. Heraus kam ein flacher Halm, der den weiteren Bügelvorgang erleichterte. Vor allem für die hellen Farbtöne eignet sich diese Methode, denn der Halm muß nur kurz gebügelt werden.

Beim Bügeln sollte man ein- bis zweimal mit dem Bügeleisen über die Strohhalme fahren, dann so lange die Oberfläche bearbeiten, bis die gewünschte Farbtönung durch das heiße Bügeleisen erreicht ist. Es entstehen dadurch verschiedene Braunfärbungen bis zu Schwarz. Die Schwarzfärbung läßt sich durch große Hitze erzielen, die den Halm jedoch fast verbrennt. Die so extrem heiß gebügelten Halme sind sehr brüchig und vorsichtig zu verarbeiten.

Zum Bügeln braucht man eine starke Unterlage, damit der Bügeltischbelag oder das Bügelbrett nicht anbrennt. Am besten eine Asbestunterlage. Bewährt hat sich auch, unter die Asbestunterlage ein altes Telefonbuch zu schieben. Auch damit wird die große Hitze, die ja bei den dunkelsten Färbungen notwendig ist, von dem Tisch abgehalten. Das Bügeleisen sollte wiederholt vorübergehend abgeschaltet werden, damit durch die große Hitze nicht allzu viele dunkelbraune oder schwarze Halme anfallen, weil ja auch viele helle Tönungen benötigt werden. Nach dem Bügeln hat man nun flache Halme in verschiedenen Färbungen, helle, mittlere und dunkle, sowie die dunkelbraunen und fast schwarzen Strohhalme.

Das Titelfoto zeigt den „Holzmindener Golddukaten". Rechts ein Ausschnitt: „Altes Fährhaus" und Turm der Lutherkirche, bei dem die Intarsien-Uhr und die Fenster besonders auffallen.

Für die Aufbewahrung dieser flachen Strohhalme eignet sich ein Kasten mit mehreren Fächern, in die die sortierten Halme nach den einzelnen Farbtönungen eingelegt werden. Dies erleichtert bei der Klebearbeit das Suchen nach dem gewünschten Farbton. Es genügt dazu ein größerer Pralinenkarton oder ein ähnlicher Kasten, der durch Pappstreifen unterteilt wird. Ein Fach ist für die Reste vorzusehen, die beim Schneiden anfallen, denn sie können immer wieder verwendet werden.

Ein solcher Kasten könnte so aussehen:

4 Zwischenwände
(ergeben 5 Fächer)

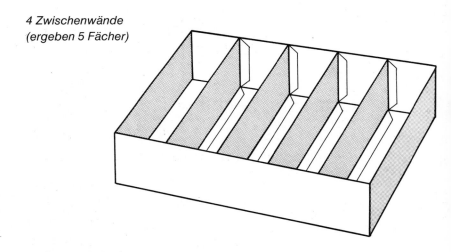

Die Zwischenwände bilden Pappstreifen, die unten und seitlich mit je einem Klebstreifen befestigt werden. Der Zwischenwandzuschnitt sieht so aus:

Klebestreifen

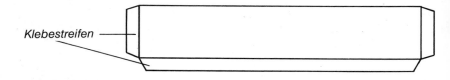

Ist der Kasten fertig, werden die Flachhalme nach Farbtönen einsortiert.

Gebügelte Strohhalme in den Farben hell, mittel und fast schwarz

Der Arbeitsplatz

Man braucht keinen eigenen Hobby-Raum, keine Werkstatt, keine besonderen Einrichtungen. Es genügt ein einfacher Tisch, den man durch Unterlagen vor Beschädigungen schützen sollte, denn beim Zuschneiden der Strohhalme sind Kratzer unvermeidbar. Es eignen sich Unterlagen aus Plastik, Pappe, Linoleum oder Preßspan, nicht aber aus Aluminium oder ähnlichem. Außerdem eine alte Zeitschrift zum Abstreifen von Strohhalm- oder Leimresten beim Kleben. Gute Beleuchtung am Arbeitsplatz schont die Augen.

A

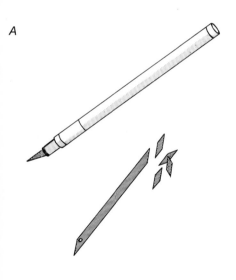

Ausschnitt aus dem Titelbild: Eines der beiden Holzmindener Torhäuser.

Die Schneidewerkzeuge

Am besten sind stabile, fein schneidende Messer. Nicht geeignet sind Messer mit zu starken Klingen, Vorrichtungen mit nicht stabilen Rasierklingen und auch Schnitzmesser, die laufend geschliffen werden müßten. Wir brauchen Messer mit auswechselbaren Klingen, denn die Schärfe nutzt sich laufend ab. Strohhalme sind zwar ein leicht zu schneidender Werkstoff, aber hart, und die Messer werden oft stumpf, was sich besonders bei den Querschnitten bemerkbar macht.

Auf dem Hobbymarkt sind sogenannte „Folienmesser" oder „Cutter" in verschiedenen Ausführungen zu haben. Die Messer sind auswechselbar bzw. der Messerklingeneinsatz besteht aus mehreren Messern, die nach Stumpfwerden einzeln abgebrochen werden. Es werden folgende Ausführungen empfohlen:
Messer A für die laufende Arbeit am Bild, Messer B für die vorzubereitenden Längsschnitte.

B

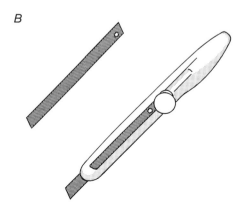

Das Zeichenmaterial

Neben der üblichen Ausrüstung brauchen wir noch Winkel und Lineal. Am besten aus Plastik, durchsichtig und mit Facette versehen, da nur diese eine einwandfreie Schnittfläche ergeben. Die Schnittkanten der zugeschnittenen Halme müssen so beschaffen sein, daß ein Zwischenraum zwischen den einzelnen Halmen nach dem Kleben kaum erkennbar ist.

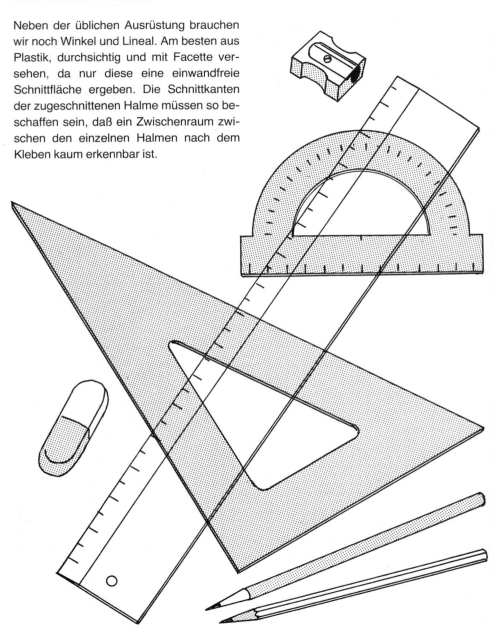

Der Klebstoff

Nicht jeder Klebstoff eignet sich dafür. Zu vermeiden sind alle fädenziehenden oder tropfenden Kleber, da beim Zusammenfügen der Zuschnitte der Klebstoff nach oben auf die Halmfläche dringt. Nach dem Trocknen muß er entfernt werden, weil die Oberfläche sonst für die weitere Behandlung nicht sauber genug ist, dazu gehört auch die Konservierung des Strohbildes. Es muß also ein Klebstoff sein, der nach dem Trocknen als fester Rückstand leicht abspringt.

Die weltbekannte Tower-Bridge in London. Bildgröße 30 x 22 cm

Die Vorlage – das Motiv

Als Stroh-Intarsien-Bilder eignen sich Ansichten von Fachwerkhäusern, von Burgen und Schlössern, von Kirchen und Domen. Man kann auch Zeichnungen aus Märchen und Geschichten wählen, oder auch Sportmotive und Wappen aller Art. Nicht machbar aber sind Portraits bestimmter Personen, weil die Gesichtszüge nicht erkennbar gestaltet werden können. Vorlagen für alle Bilder können sein: Fotos, Ansichtskarten, Prospekte, Bilder aus Zeitschriften und Büchern, Kalenderblätter und ähnliches. Hier kommt es allein auf die persönliche Einstellung an. Eigene Kompositionen befriedigen am meisten. Beispiele zeigen die Bilder auf den Seiten 34, 35, 47. Die Vorlagen müssen gleich groß sein, wie das zu erstellende Bild. Das kann durch Umzeichnen oder durch optische Geräte (Episkop) geschehen. Erste Voraussetzung ist allerdings, daß die Vorlage in der Perspektive richtig ist. Weiter zu empfehlen ist die Vergrößerung auf einem stärkeren weißen Bogen, dem **Klebebogen,** und auf einem durchsichtigen Zeichenblatt, dem **Motivbogen,** zu erstellen. Der Motivbogen ermöglicht, die entsprechenden Zuschnitte und Klebestellen während der Arbeit zu kontrollieren und Veränderungen vorzunehmen. Aber auch das Abpausen ist möglich, wobei man am besten ein Motiv wählt, das genauso groß ist wie das Bild, das man erarbeiten will. Beim Abpausen wird eine zweite Kopie gleichzeitig als Motivbogen erstellt.

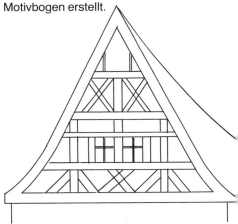

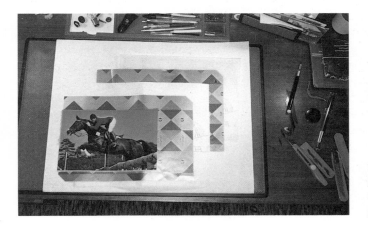

Beim Abpausen von Motiven sind die einzelnen Bogen wie gezeigt zu legen.

Der Arbeitsbeginn

Nach diesen Vorbereitungen können wir mit der Arbeit beginnen.
Man sollte zuerst an einigen kleinen Probearbeiten üben. Zu diesem Zweck sind hier Zeichnungen eines Kirchturms, eines Burgturms und eines Fachwerkhausgiebels enthalten, die sich nach entsprechender Vergrößerung dazu eignen.
Auch hierfür sind Klebe- und Motivbogen zu erstellen.

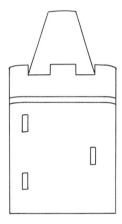

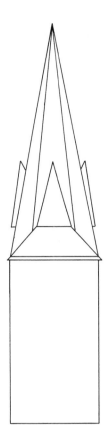

Nun geht's los. Der weiße, etwas stärkere Bogen liegt vor uns. Zuerst muß entschieden werden, in welchen Farbtonabstufungen gearbeitet werden soll. Dann wird der erste zugeschnittene Strohhalm auf den Klebebogen aufgeklebt. Man schneidet den zweiten Zuschnitt, streicht ihn vorher mit Klebstoff ein, und reiht ihn an den bereits geklebten. Mit den Fingern preßt man an, um jeden Zwischenraum zu vermeiden. So fügt man Zuschnitt an Zuschnitt, kontrolliert zwischendurch mit dem Motivbogen die Richtigkeit des bereits Geklebten. Man kann dann stolz auf das Geschaffene sein, oder es wiederholen, wenn es noch nicht zufriedenstellend gelungen ist.

Die eigene Vorlage sollte dann erst in Angriff genommen werden, wenn die Probearbeit ergeben hat, daß die Technik des Zuschnittes und des Klebens einigermaßen beherrscht wird.

Das Bild der nächsten Seite zeigt anschaulich den Ablauf der einzelnen Arbeiten. Es handelt sich hier um ein Motiv aus Rothenburg ob der Tauber, bekannt unter dem Namen „das Ploenlein". Dieses Motiv fand auch Verwendung für eine Briefmarke, die 1975 aus Anlaß des Europäischen Denk-

noch zu erledigen:
Tesa Kleben - Fenster links
Turm - ausschneiden

malschutzjahres von der Deutschen Bundespost herausgegeben wurde. Daher auch die Marke auf dem Motivfoto. Der Turm ist auf dem Klebebogen bereits fertiggestellt. Nun wird an dem anschließenden Fachwerkhaus zu arbeiten sein. Zuerst werden die beiden Balken des Giebels zugeschnitten und geklebt, dann folgen die einzelnen Fachwerkteile und Balken. Teil für Teil wird fortgesetzt, bis das Bild steht.

Folgende Hinweise sind beachtenswert: Wenn die Zuschnitte vorbereitet werden, verwendet man für gerade Linien bzw. Längsschnitte das Messer B. Die Faserung der Strohhalme läßt auch die Möglichkeit zu, feine, schmale Zuschnitte bzw. Streifen mit dem Messer in der Hand vorzunehmen. Für Querschnitte und gebogene Linien sollte das Messer A bevorzugt werden, ebenso für die Arbeiten auf dem Klebebogen. Bisher wurde das Zuschneiden der einzelnen Teile und das Aneinanderfügen auf dem Klebebogen gezeigt. Man kann auch in vielen Fällen auf dem Klebebogen zuschneiden. Nach Aufstreichen des Klebstoffes wird ein etwas größerer Flachhalm in dem erforderlichen Farbton nach Kantenbegradigung angelegt. Dann wird auf dem Klebebogen zugeschnitten. Zwar wird meistens dabei auch der Klebebogen durchgeschnitten, aber das ist nicht tragisch, denn mit Klebefilm kann man auf der Rückseite den Schnitt wieder zusammenkleben.

Ein weiterer Hinweis wird anhand eines Fachgiebels demonstriert. Nachdem die beiden Seitenstreifen des Giebels geklebt sind, wird der gesamte Giebel mit hellerem Stroh ausgefüllt. Erst dann werden die einzelnen Fachwerkrillen geschnitten. Die vorbereiteten Balken in dunkler Farbe werden in die Rillen gedrückt, nachdem diese vorher mit Klebstoff eingestrichen wurden. Die Arbeit wird bedeutend vereinfacht, wenn man vor dem Kleben seitwärts des Giebels mit Bleistift die Linien andeutet, die nachher zu schneiden sind.

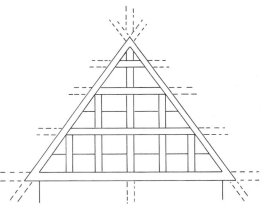

Arbeiten an der Vorlage bzw. an dem Klebebogen.

Die Figuren-Herstellung

Hier geht man anders vor. Auf dem Klebebogen werden in der vorgesehenen Farbe die Strohhalmzuschnitte zusammengeklebt, die die ganze Fläche der späteren Figur bedecken. Nun legt man darauf den Motivbogen, hält ihn fest und schneidet die Figur nach den Umrissen des Motivbogens aus. Dabei zerschneidet man zwar den Motivbogen, aber dieser kann ja wieder mit Klebefilm zusammengefügt werden. Jetzt hat man auf dem Klebebogen die Figur in einem Farbton in Stroh. Nun kann man Rillen schneiden, diese mit andersfarbigen Streifen auslegen, oder Umrandungen ganz oder teilweise mit anderen Farbstreifen versehen.

Der hier abgebildete Pferdekopf soll als Muster dieser Arbeitsart dienen.

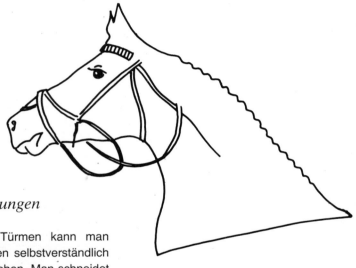

Fenster und Öffnungen

An Gebäuden und Türmen kann man Fenster und Öffnungen selbstverständlich auch als Intarsie vorsehen. Man schneidet andersfarbige Zuschnitte, die dann in die ausgeschnittenen Öffnungen geklebt werden. Da aber die Fenster gegenüber dem Mauerwerk zurückversetzt sind, kommt man der Wirklichkeit viel näher, wenn man Fenster und Türen als versenkte Reliefs ausführt. Dadurch erscheint dieser Teil eines Stroh-Intarsien-Bildes viel plastischer und wirkungsvoller.

Die einfachste Art ist, hinter dem ausgeschnittenen Fenster ein schwarzes Papier zu kleben. Das empfiehlt sich besonders bei kleinen Fenstern und Öffnungen (Zeichn. A). Anders ist es, wenn das Motiv Fenster mit Rahmen und Streben zeigt. Dann wird hinter der ausgeschnittenen Fensteröffnung schwarzes Papier geklebt, aber so,

Ein Ausschnitt aus dem Titelbild. Das „Alte Fährhaus" mit dem schönen Fachwerk.

daß dieses Papier größer als der Ausschnitt ist. Nun können auch zwischen Strohrückseite und Schwarzpapier die vorbereiteten Rahmenstreifen, Streben und Fensterkreuze gesteckt werden. Da sich dabei die Streifen leicht verschieben, kann man etwas farblosen Kleber in die Öffnung des Fensters tropfen (Zeichn. B).

Wie solche Fenster als „versenkte Reliefs" auf einem Stroh-Intarsien-Bild wirken, zeigen die Fotos auf dieser und auf der nächsten Seite.

Auf die gleiche Art kann man auch Fenstergitter und ähnliches herstellen, ja sogar in Flechtweise.

Das ist leichter als man denkt, da ja auch hier die Enden der Gitterstäbe hinter den aufgeklebten Strohzuschnitt und das Schwarzpapier geschoben werden können. Auch hier ist ein Tropfen Kleber in der ausgeschnittenen Öffnung hilfreich.

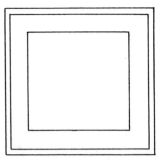

A

Ganz ausschneiden und dahinter schwarzes Papier kleben.

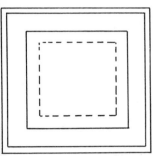

B

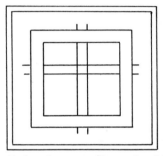

Nur bis zur gestrichelten Linie ausschneiden. Auf stehengebliebenen Rand Fensterumrandung kleben. Dahinter schwarzes Papier kleben.

Fensterkreuzstreifen schneiden und zwischen Klebebogen und schwarzes Papier schieben. Angedeutet durch Striche.

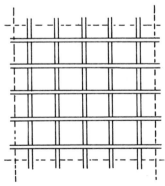

Linkes Bild: Das herrliche Fachwerk des „Knochenhauer-Amtshauses" in Hildesheim, das hier besonders gut dargestellt wurde. Ein Ausschnitt aus dem Bild auf Seite 22.

Rechtes Bild: Die schöne Fensterfront des Rathauses in Höxter an der Weser. Ein Ausschnitt aus dem Bild auf Seite 20.

Die Enden sind zwischen Klebebogen und dahinter geklebtem schwarzem Papier zu schieben.

Wie können noch Schwierigkeiten auftreten?

Wahrscheinlich dann, wenn man mit ganz kleinen Streifen oder Punkten aus Stroh arbeiten muß, denn mit einer Pinzette ist das nur bedingt möglich. Durch den Druck der Pinzette springen solche kleine Teile oder zerbrechen. Als Beispiel folgender Fall: Bei einem Rathausturm ist eine Uhr vorgesehen. Die Ziffern können wir in der erforderlichen Größe nicht ausschneiden. Sie lassen sich nur durch Striche andeuten, wie es ja auch bei manchen Uhrenarten der Fall ist. Da bei Stroh-Intarsien-Bildern alles in Intarsien-Technik ausgeführt werden soll, können wir die Ziffernstreifen nicht aufkleben. Wir müssen dafür Vertiefungen ausschneiden. Auf dem Ziffernblatt der Uhr, das bereits auf dem Klebebogen vorgesehen ist, – meistens in hellem Farbton – schneidet man die zwölf Zahlen und die 2 Zeigervertiefungen nacheinander aus und gibt etwas Klebstoff in die Vertiefungen. Dann setzt man die Zahlen- und Zeigerzuschnitte, meist in dunklem Farbton, in die Öffnungen und streicht mit dem Fingernagel die Zuschnitte hinein. Da diese kleinen Zuschnitte mit der Pinzette nicht greifbar sind, piksen wir sie mit der Spitze unseres Messers auf und bringen sie so in die Öffnungen.

Das Rathaus der ehemaligen Hansestadt Höxter an der Weser. Bildgröße: 21 x 28 cm

Dieser Ausschnitt aus dem Titelbild zeigt das „Präsidenten-Torhaus" mit der geschlossenen Klappe des „Meisterumzuges", der mit der Uhr gekoppelt ist.

„Knochenhauer-
Amtshaus" in Hildes-
heim, 1529-1945.
Dieses Zunfthaus der
Fleischerinnung
stand am histori-
schen Marktplatz
gegenüber dem
Rathaus. Es wurde
durch Kriegseinwir-
kung zerstört und
wird nicht wieder
aufgebaut.
Bildgröße: 16 x 31 cm

Schwierigkeiten können sich auch ergeben, wenn ein Teil des Bildes schon auf dem Klebebogen fertig ist und ein weiterer Teil in Angriff genommen werden soll. Was vorher geklebt wurde, springt oft teilweise ab und muß dann erneuert werden. Dies vermeidet man, wenn man den fertigen Teil mit einer dünnen, farblosen Lackauflage versieht, die später sowieso für die Erhaltung und Konservierung der Stroh-Intarsien-Bilder erforderlich ist. Vorher muß allerdings die Teilarbeit vollständig von Klebstoffresten befreit werden. Durch diesen farblosen Lackanstrich – es wird farbloser Zapon-Lack empfohlen – werden die geklebten Teile in sich fester und springen kaum mehr ab.

Noch ein wichtiger Hinweis: Es ist ratsam, den Klebebogen mit einem Bücherstapel zu pressen, wenn man nicht gerade daran arbeitet. Eine alte Zeitschrift dazwischengelegt, verhindert Beschädigungen der Bücher durch Klebstoffreste.

Die Weserbrücke in Holzminden, Turm der Lutherkirche, Strandhotel, altes Fährhaus und Turm der Jugendherberge.
Bildgröße: 58 x 33 cm

Holzminden an der Weser.
Ausschnitte aus dem Bild auf Seite 23.

Turm der Jugendherberge und die
dahinterliegenden Häuser.

Teil der Weserbrücke mit Bäumen
im Garten des „Strandhotels".

Farbloser Lack

Das Strohbild wird durch farblosen Lack haltbar. Vorher müssen jedoch alle Klebstoff-Rückstände auf der Oberfläche entfernt werden. Die erste Lackierung erfolgt auf dem Klebebogen. Ist er trocken, läßt sich nun das gesamte Bild leichter ausschneiden, denn es ist durch den Lack fester geworden. Danach wird nochmals gelackt, jetzt aber besonders die Schnittkanten des Bildes, damit diese ebenfalls fest und konserviert werden.

Beim Auftragen des farblosen Lackes sollte stets in Richtung der Maserung der Strohzuschnitte gestrichen werden. Vor dem Aufkleben des ausgeschnittenen Strohbildes auf eine starke Pappunterlage, auf Plakatkarton oder ähnliches, wird am besten noch einmal lackiert.

Das rechte Bild zeigt das „Alte Fährhaus" an der Brücke in Holzminden an der Weser. Bildgröße: 17 x 25 cm

Das untere Bild zeigt im Ausschnitt die Genauigkeit des Fachwerkes des alten Fährhauses. Intarsien kommen besonders zur Geltung.

Das Wappen der Stadt Holzminden.
Bildgröße: 15 x 17 cm

Das Wappen von Stadtoldendorf.
Bildgröße: 19 x 21 cm

Die Rahmung des Bildes

Das Strohbild wird auf Karton aufgeklebt. Dabei darf der Klebstoff nicht über den Rand laufen und die Kartonunterlage verschmieren, die als Hintergrund des Bildes dienen soll. Die Farbe der Kartonunterlage kann verschieden sein, z. B. blau für die Darstellung des Himmels, grün für die Andeutung von Wald und Feld, grau für Straßen und Wege, blau auch für Wasser usw. Je nach Motiv kann ein Mehrfarben-

Effekt gewählt werden. Dazu schneidet man aus der Pappunterlage den Teil aus, der andersfarben gebracht werden soll, setzt ihn ein und verklebt auf der Rückseite mit Klebefilm. Als Unterlage eignet sich Plakatkarton.

Man schneidet nun noch aus weißem oder schwarzem Plakatkarton ein Passepartout, besorgt den erforderlichen Rahmen zu dem Strohbild und rahmt ein.

Rahmen und Zubehör, wie Untergrund-Plakatkarton und Passepartout.

Aus „Max und
Moritz" von
Wilhelm Busch.
Bildgröße:
10 x 17 cm

Das fertige Bild

Das Produkt, das dann vorliegt, wird jeden Beschauer begeistern, wenn mit Freude und mit dem Willen zu einer schöpferischen Gestaltung gearbeitet wurde. Das erste Bild wird nicht immer restlos begeistern, aber es ist noch kein Meister vom Himmel gefallen. Durch die dauernde Beschäftigung mit dieser Technik erwirbt man sich große Fertigkeit, und weil Stroh ein billiger und leicht zu bearbeitender Werkstoff ist, macht dieses Hobby viel Freude.

Die weltbekannte Tower-Bridge in London.
Bildgröße: 21 x 26 cm

Stroh-Intarsien-Bilder

werden stets ein willkommenes Geschenk sein, besonders dann, wenn eine Beziehung zum Motiv besteht, etwa Urlaubs- oder Heimatmotive. Sie werden aber auch ein Gefühl der Zufriedenheit und Selbstbestätigung beim Erarbeiter erzeugen.

Der anschließende Bildteil, der die Vielseitigkeit dieser Technik zeigt, will zur Nachahmung anregen.

Hindernis-Rennen
Bildgröße: 14 x 11 cm

Ein Blick in die Vergangenheit"
Nofretete, die ägyptische Schönheit
um 1370 v. Chr.)
Bildgröße: 18 x 26 cm

Das Detailbild gibt einen besonderen Einblick in die geradlinige Intarsien-Arbeit. Das Nofretete-Bild ist im Original nur 5 x 6 cm groß.

◄ *Das Rathaus in Duder-*
stadt aus dem 13.-16.
Jahrhundert, ein herr-
licher Fachwerkbau.
Bildgröße: 14 x 30 cm

Die alte Schmiede an der
Stadtmauer in Rothen-
burg ob der Tauber.
Bildgröße: 18 x 26 cm

Burg Eltz an der Mosel,
erbaut 13.-16. Jahrhundert.
(Dieses Motiv ist auf dem
500-DM-Schein abgebildet)
Bildgröße: 23 x 36 cm

Das Rathaus in Michelstadt
im Odenwald.
Bildgröße: 16 x 34 cm

Die bekannte
Fischerbastei
in Budapest.
Bildgröße:
20 x 32 cm

Das „Klingentor"
in Rothenburg
ob der Tauber.
Bildgröße:
19 x 33 cm

*Das Schloß in Fürstenberg an der Weser,
in dem jahrhundertelang das bekannte Für-
stenberger Porzellan hergestellt wurde.
Nach Abriß eines Fabrikgebäudes 1977
kam der schöne und nicht bekannte Weser-
Renaissance-Giebel zum Vorschein.
Bildgröße: 25 x 20 cm*

*Das „Präsidenten-Torhaus" in Holzminden,
von der Rückseite gesehen.
Bildgröße: 13 x 21 cm*

Das ehemalige Jagdschloß in Neuhaus im Solling.
Bildgröße: 30 x 17 cm

Das alte Bamberger Brückenrathaus in der Regnitz.
Bildgröße: 23 x 31 cm

Zukunfts-Wunsch-Traum „Ein vereinigtes Europa".
Die Gedanken des Hobby-Künstlers waren: Das in Ost- und Westeuropa getrennte Gebilde kann nur auf einem mit vielen Hindernissen gepflasterten Weg und durch das Gestrüpp der vielen Paragraphen und an den Säulen der Nationalitäten der Länder vorbei zu einem vereinigten Europa kommen, über dem dann die Sonne scheinen wird.
Bildgröße: 26 x 33 cm

Im gleichen Verlag sind erschienen:

Erland Borglund
Stroh und Binsen

Der schwedische Verfasser hat eine Fülle von Beispielen
zusammengetragen und daran alle Techniken mit vielen
Zeichnungen anschaulich erläutert. Die verschiedenen
Flechttypen, von denen einige neu sind, wurden zwei-
farbig dargestellt. Auch Intarsienarbeiten aus Stroh werden gezeigt.
Best.-Nr. 510, 112 Seiten, viele Fotos und Zeichnungen

Rita Frischmann
Basteln mit Stroh

Das Basteln mit Stroh ist sehr beliebt. Dekoratives und
Praktisches läßt sich aus diesem Naturmaterial leicht
machen. Dieses Buch bringt originelle Ideen und Tech-
niken: Hübsches aus Strohorte, Corn Dollies, Spindeln,
Strohräder, Figuren, Zöpfe usw.
Best.-Nr. 663, 48 Seiten, farbige Abbildungen, viele Zeichnungen